Dr. Bommhardt

Die Umsatzsteuer: Entstehungsgeschichte, Bedeutung und Buchung

GRIN Verlag

Bibliografische Information der Deutschen Nationalbibliothek:

Die Deutsche Bibliothek verzeichnet diese Publikation in der Deutschen National-
bibliografie; detaillierte bibliografische Daten sind im Internet über http://dnb.d-
nb.de/ abrufbar.

Impressum:

Copyright © 2013 GRIN Verlag GmbH
Druck und Bindung: Books on Demand GmbH, Norderstedt Germany
ISBN: 978-3-656-54345-9

Dieses Buch bei GRIN:

http://www.grin.com/de/e-book/264420/die-umsatzsteuer-entstehungsgeschichte-
bedeutung-und-buchung

GRIN - Your knowledge has value

Der GRIN Verlag publiziert seit 1998 wissenschaftliche Arbeiten von Studenten, Hochschullehrern und anderen Akademikern als eBook und gedrucktes Buch. Die Verlagswebsite www.grin.com ist die ideale Plattform zur Veröffentlichung von Hausarbeiten, Abschlussarbeiten, wissenschaftlichen Aufsätzen, Dissertationen und Fachbüchern.

Besuchen Sie uns im Internet:

http://www.grin.com/

http://www.facebook.com/grincom

http://www.twitter.com/grin_com

Die Umsatzsteuer

In der Bundesrepublik Deutschland ist die Umsatzsteuer (2012: knapp 24 % der gesamten Steuereinnahmen) neben der Lohn- und Einkommensteuer (2012: knapp 31 %) die mit Abstand ertragreichste Steuer.

Deshalb würdigt das folgende Werk die Umsatzsteuer mit einem kurzen Abriss über seine Entstehung, Entwicklung, diffenzierte Anwendung und Buchung.

Kurios war schon die Begründung für ihre Einführung, denn das Deutsche Kaiserreich wollte seinerzeit die Kosten für die kaiserliche Marine decken.
Noch kurioser scheint es, dass die Umsatzsteuer auch heute – also fast ein Jahrhundert später – erhoben wird, obwohl der Kaiser längst abdankte und seine Kriegsflotte versenkt, entsorgt oder verrostet ist.
Und trotzdem: Die Umsatzsteuer existiert nicht nur, sondern sie steigt und steigt und steigt …

Interessant sind auch die Umwandlung der bis 1967 erhobenen Bruttoumsatzsteuer in die noch heute gültige Mehrwertsteuer sowie die Bedeutung der verschiedenen Bezeichnungen Umsatzsteuer und Mehrwertsteuer.
Volkstümlich betrachtet sind Umsatz- und Mehrsteuer das Gleiche. Aber genau betrachtet ist dies ganz und gar nicht so!

Das Kapitel 3 behandelt die unterschiedlichen Steuersätze (Normalsteuersatz, ermäßigter Steuersatz und Nullsatz) für die heute gültige Umsatzsteuer, die letztlich auch ein Beispiel für das Wirken der sozialen Marktwirtschaft sind.

Das Kapitel 4 beinhaltet das Berechnen und das Buchen der Umsatzsteuer, des Mehrwertes und der Umsatzsteuer-Zahllast.

Im vorletzten Kapitel wird auf die gesetzlich notwendigen Angaben beim Ausstellen einer buchhaltungssicheren Rechnung eingegangen.

Dresden, Januar 2014

Gliederung:

1 Die Staatseinnahmen

1.1 Die Notwendigkeit von Staatseinnahmen

Der Staat übernimmt wichtige Aufgaben, die der einzelne Bürger nicht allein lösen kann:

- äußere Sicherheit: Bundeswehr, Bundespolizei (seit 1.7.2005, vorher: BGS), Zolldienste, Geheimdienste (MAD, BND)

- innere Sicherheit: Bundeskriminalamt (BKA), Landeskriminalämter (LKA), Polizei, Verfassungsschutz, Meldewesen, Ein- und Auswanderungsbehörden

- öffentliche Infrastruktur: Straßenbau, öffentliche Verkehrsmittel, Kanalisation, Wasser- und Energieversorgung, Müllabfuhr, Post- und Fernmeldewesen

- Bildung und Kultur: Schulen, Hoch- und Fachschulen, Universitäten, Forschung
- soziale Sicherung: Sozialversicherung (gesetzliche Kranken-, Renten-, Arbeitslosen-, Unfall- und Pflegeversicherung), BAFöG, Kindergeld, Wohngeld, Sozialhilfe

- Rechtspflege: bürgerliches, Arbeits-, Wirtschafts- und Strafrecht sowie Strafvollzug
- auswärtige Angelegenheiten: Außenpolitik, UNO, Entwicklungshilfe
- Gesundheitswesen
- Geldwesen
- Wirtschaftsförderung
- Wohnungsbauförderung

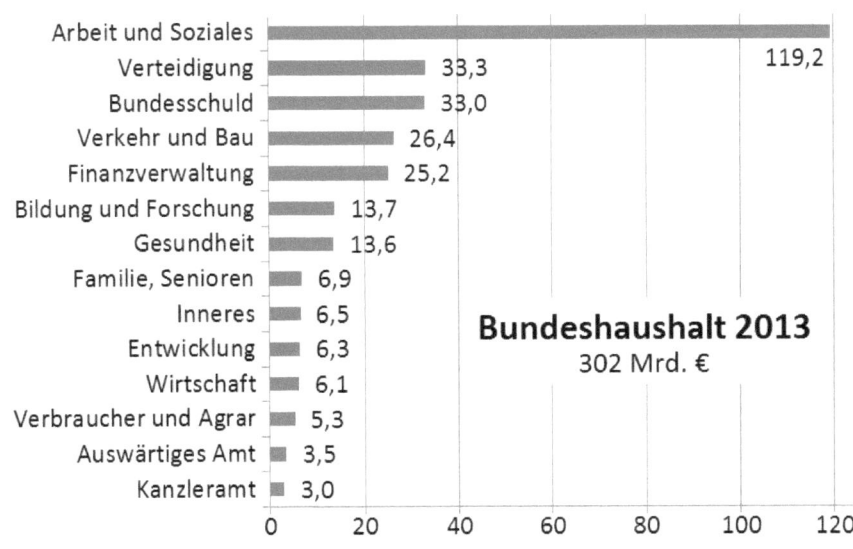

Quelle: Bundeshaushaltsplan, siehe BGBl. I Seite 2757

1.2   Die Arten von Staatseinnahmen

Zur Finanzierung seiner Aufgaben (Investitionen, Personal, Sozialleistungen, Subventionen) verfügt der Staat über verschiedene Einnahmequellen:

- **Gebühren:** - Entgelt für beanspruchte Leistungen staatlicher Einrichtungen

  z. B.: Gebühren für das Ausstellen eines Passes

  Parkgebühren (in Dresden 1990 – 2004: 42 Mio. €)

  Gerichtsgebühren

  Kanalgebühren

  Müllabfuhrgebühren

  Personenbeförderungsgebühren (für Bahn/Bus)

  Rundfunk- und Fernsehgebühren

  (siehe GEZ-Werbung „Ich sehe schwarz!" – „Ich weiß.")

  Bußgelder und Geldstrafen (Bundeshaushalt 2013: 254 Mio. €)

- **Beiträge:** - spezielle Abgaben als Entgelt für staatliche Leistungen

  z. B.: Beiträge zur gesetzlichen Sozialversicherung

  Maut

  In Deutschland erfasst die LKW-Maut alle LKW ab 12 t, die auf Autobahnen fahren. Sie liegt je nach LKW-Typ zwischen 14,1 und 28,8 € je km (Stand: 2009).

  Eine Pkw-Maut wird in Ungarn (Jahresgebühr 143 €), Slowenien (95 €), Österreich (80,60 €), Tschechien (60,50 €), in der Slowakei (50 €) und in der Schweiz (33 €) erhoben (Stand: Mai 2013).

  Kurtaxe für Gebiete, die der besonderen Erholung und Entspannung dienen

  - In Sachsen gibt es 14 offizielle Kurorte: Bad Brambach, Bad Düben, Bad Elster, Bad Gottleuba-Berggießhübel, Bad Lausick, Bad Muskau, Bad Schandau, Bad Schlema, Kurort Altenberg, Luftkurort Gohrisch, Luftkurort Jonsdorf, Luftkurort Rathen, Thermalbad Wiesenbad und Wolkenstein OT Warmbad.

  - Dresden erhebt seit 1.2.2014 1,30 € Kurtaxe, um den jährlich knapp 2 Mio. Gästen „attraktive Kultur- und Freizeitangebote anzubieten" wie „die Museen und Theater der Stadt, der Zoo, die Operette, die Dresdner Philharmonie sowie die Dresdner Musikfestspiele". (Quelle: http://www.dresden.de/de/02/or/anliegen/kurtaxe.php?print am 9.2.14)

  Erschließungsbeiträge für Grundstücke

- **Steuern:**
  - Geldleistungen von natürlichen Personen und von Unternehmen ohne eine direkte Gegenleistung
  - auferlegt vom öffentlich-rechtlichen Gemeinwesen
  - gesetzlich gesicherte Leistungspflicht

„Steuern sind ein erlaubter Fall von Raub."

Thomas VON AQUIN (1225 – 1274),
italienischer Theologe und Philosoph, 1323 heilig gesprochen

Dem römischen Kaiser VESPASIAN (9 bis 79 u. Z.) gelang es während seiner zehnjährigen Herrschaft, das Reich politisch und finanziell zu stabilisieren, obwohl es vorher hochverschuldet war. So führte er u. a. eine Latrinensteuer ein.

Als sich sein Sohn bei ihm darüber beschwerte, hielt ihm Vespasian eine Münze vor die Nase und ließ ihn riechen. Sein Sohn musste zugeben „Non olet" („Es stinkt nicht!"), woraus die Redewendung „**Geld stinkt nicht**" entstand.

  - bilden den Hauptbestandteil der Staatseinnahmen
  - <u>Steuereinnahmen in Deutschland 2012</u>

Lohnsteuer	149,065 Mrd. €	= 24,78 %
Einkommensteuer	37,262 Mrd. €	= 6,19 %
Umsatzsteuer	142,439 Mrd. €	= 23,68 %
Gewerbesteuer	42,345 Mrd. €	= 7,04 %
Energiesteuer	39,305 Mrd. €	= 6,53 %

  - sind konjunkturabhängig: Staat erhält bei florierender Wirtschaft mehr
  - sollen das Verhalten der Wirtschaftssubjekte beeinflussen

- **Zölle:**
  - Abgaben auf die Einfuhr von Waren aus Nicht-EG- und Nicht-EFTA-Staaten (Innerhalb der EU werden keine Zölle erhoben.)
  - Deutschland nahm 2012 4,462 Mrd. € Zölle ein.

<u>Witz:</u>
Wie heißt ein Auszubilder, der beim Zoll arbeitet? – Zollstift.

- **Kredite:**
  - wenn die bisher genannten Einnahmen nicht ausreichen
  - <u>Finanzierung des Bundeshaushaltes 2013</u>

Steuereinnahmen	260,611 Mrd. €
Verwaltungseinnahmen	+ 23,979 Mrd. €
Münzeinnahmen	+ 0,310 Mrd. €
Nettokreditaufnahme	+ 17,100 Mrd. €
insgesamt	302,000 Mrd. €

1.) | Definieren Sie den Begriff Steuern!

2.) | Alfons Mustermann ist Inhaber einer kleinen Unternehmung, verheiratet und hat zwei Kinder. Ein Kind besitzt einen Bernhardiner. Die Familie besitzt eine Haus und einen Porsche. Die Frau arbeitet als Sekretärin im eigenen Betrieb und erhält dafür 2.800 € brutto. Kommen Gäste zu Besuch, werden sie u. a. mit Kaffee, Kuchen, Sekt, Bier, Wein und Zigaretten bewirtet.
Welche öffentlichen Abgaben fallen in der Familie Mustermann an, als Unternehmer, als Privatperson sowie an anderen Abgaben?

als Unternehmer: -
-
-
-
-
-

als Privatperson: -
-
-
-

-
-

andere Abgaben: -
-
-

2 Die Umsatzsteuer

2.1 Die Bruttoumsatzsteuer

Das Deutsche Reich führte 1916 zum Bewältigen der Kriegslasten die sog. Warenumsatzsteuer ein. Aus dieser ging 1918 die allgemeine Umsatzsteuer hervor. Der Steuersatz stieg von 0,5 % (1918) auf 2 % (1935), 3 % (1946) auf 4 % (1951).

Bis 1967 wurde die Umsatzsteuer als Bruttoumsatzsteuer erhoben. D. h., bei jedem Verkaufsvorgang wurde die Umsatzsteuer auf den augenblicklichen Gesamtwert erhoben, sodass bereits umsatzversteuerte Vorleistungen erneut und wiederholt belastet wurden.

z. B.:	**Sägewerk**			Finanzamt
	verkauft Bretter	Warenpreis	0,00 €	erhält
		+ Handelsspanne	+ 480,77 €	
		+ 4 % Umsatzsteuer	+ 19,23 € →	**19,23 €**
		Verkaufspreis	500,00 €	
	Möbelfabrik			
	verkauft Möbel	Warenpreis	500,00 €	
		+ Handelsspanne	+ 557,69 €	
		+ 4 % Umsatzsteuer	+ 42,31 € →	**42,31 €**
		Verkaufspreis	1.100,00 €	
	Großhändler			
	verkauft Möbel	Warenpreis	1.100,00 €	
		+ Handelsspanne	+ 823,08 €	
		+ 4 % Umsatzsteuer	+ 76,92 € →	**76,92 €**
		Verkaufspreis	2.000,00 €	
	Warenhaus			
	verkauft Möbel	Warenpreis	2.000,00 €	
		+ Handelsspanne	+ 1.365,38 €	
		+ 4 % Umsatzsteuer	+ 134,62 € →	**134,62 €**
		Verkaufspreis	3.500,00 €	
				273,08 €

Der Endverbraucher zahlt für die Möbel 3.500,00 €.
Der Steueranteil beträgt 273,08 € (= 7,80 %).

2.2   Die Mehrwertsteuer

Das Erheben der Umsatzsteuer nach diesem Allphasen-Brutto-Prinzip wirkte wettbewerbsverzerrend. Waren, die auf dem Weg zum Endverbraucher mehrere Unternehmen (da mehrere Produktionsstufen) durchliefen, waren wesentlich höheren Steuerbelastungen unterworfen als Waren, die weniger oder nur ein Unternehmen durchlaufen. Für Unternehmen mit nachgelagerten Produktionsstufen wurde ein Anreiz zum Zusammenschluss geschaffen, um Umsatzsteuer zu sparen.
Dieser wettbewerbspolitisch problematische Anreiz wurde mit dem Umsatzsteuergesetz von 1967 beseitigt.

Seit 1.1.1968 wird in Deutschland die Nettoumsatzsteuer erhoben. Seitdem wird der Ausdruck „Umsatzsteuer" gleichbedeutend mit Mehrwertsteuer verwendet.

Die Mehrwertsteuer sorgt dafür, dass alle Waren und Dienstleistungen mit der gleichen prozentualen Steuerbelastung beim Endabnehmer ankommen. Im Gegensatz zur Bruttoumsatzsteuer ist die Mehrwertsteuer wettbewerbsneutral.

Dies wird durch den so genannten Vorsteuerabzug erreicht. Der Verkäufer einer Ware stellt den Kunden die auf den Warenwert entfallende Umsatzsteuer in Rechnung. Diese Umsatzsteuer führt er aber nicht vollständig an das Finanzamt ab, sondern verrechnet sie mit der durch seine Zahlungen an die Lieferanten bereits abgegoltenen Umsatzsteuer (der Vorsteuer).

Mehrwert-steuer	=	Umsatzsteuer aus dem Einkauf	–	Umsatzsteuer aus dem Verkauf

Für den Fall, dass im betreffenden Abrechnungszeitraum mehr Umsatzsteuer im Einkauf als Umsatzsteuer im Verkauf anfielen (z. B. vor Geschäftseröffnung), kann er beim Finanzamt den Vorsteuerüberschuss geltend machen.

Als Zahllast wird die an das Finanzamt zu zahlende Differenz zwischen Umsatzsteuer im Verkauf und Umsatzsteuer im Einkauf bezeichnet.

Die Mehrwertsteuer ist eine indirekte Steuer, weil Steuerzahler (auch: Zahlungsverpflichteter, Steuerschuldner) und Steuerträger (wirtschaftlich Belasteter, Steuerpflichtiger) nicht identisch sind.

Auf jeder Handelsstufe wird letztlich nur der Unterschiedsbetrag zwischen dem aktuellen Warenwert und den auf früheren Stufen erbrachten Vorleistungen – also nur für die jeweilige **Wertschöpfung**, dem Mehrwert – besteuert.

Sägewerk	Warenpreis	0,00 €	Finanzamt
verkauft	+ Handelsspanne	+ 420,17 €	erhält
Bretter	+ 19 % Mehrwertsteuer	+ 79,83 € →	**79,83 €**
	Verkaufspreis	500,00 €	

Möbelfabrik	Warenpreis	500,00 €	
verkauft	+ Handelsspanne	+ 424,37 €	
Möbel	+ 19 % Mehrwertsteuer	+ 175,63 € →	**95,80 €**
	Verkaufspreis	1.100,00 €	(175,63 € – 79,83 € Vorsteuer)

Großhändler	Warenpreis	1.100,00 €	
verkauft	+ Handelsspanne	+ 580,67 €	
Möbel	+ 19 % Mehrwertsteuer	+ 319,33 € →	**143,70 €**
	Verkaufspreis	2.000,00 €	(319,33 € – 175,63 € Vorsteuer)

Warenhaus	Warenpreis	2.000,00 €	
verkauft	+ Handelsspanne	+ 941,18 €	
Möbel	+ 19 % Mehrwertsteuer	+ 558,82 € →	**239,49 €**
	Verkaufspreis	3.500,00 €	(558,82 € – 319,33 € Vorsteuer)
			558,82 €

Der Endverbraucher zahlt für die Möbel 3.500,00 €.
Der Steueranteil beträgt 558,82 € (19 %).

Jedes Unternehmen (hier: Sägewerk, Möbelfabrik, Großhändler und Warenhaus) muss die Umsatzsteuer (hier: 79,83 €, 95,80 €, 143,70 € und 239,49 €) auf seine Mehrwertschöpfung (Zahllast) an das Finanzamt abführen.

3   Die Steuersätze für die Mehrwertsteuer

In Deutschland gelten folgende Mehrwertsteuersätze:

0 % umsatzsteuerbefreit
- Bundespost (ohne Personenverkehr)
- Umsätze im Post- und Fernmeldeverkehr
- Bankumsätze
- Umsätze von Bausparkassen- und Versicherungsvertretern
- Ausfuhrlieferungen
- Beförderungen auf Wasserstraßen
- Eintritt für Konzerte, Museen, Theater, Zoo, öffentl. botanische Gärten
- Honorare von Ärzten, Zahnärzten, Hebammen und Krankengymnasten
- Miete und Pacht sowie Verkauf von Wohnungen und Grundstücken

7 % ermäßigter Steuersatz für wichtige Güter des täglichen Bedarfs
- Grundnahrungsmittel ==> sozialer Gesichtspunkt: lebensnotwendig
- Außer-Haus-Lieferung von Speisen (In Gaststätten 19 %!)
- Bücher, Zeitschriften, Zeitungen und Noten
- Fahrkarten im Personennahverkehr sowie Taxiverkehr
- Theateraufführungen und Konzerte
- Bundespost (Personenverkehr)

19 % normaler Steuersatz (auch: allgemeiner Steuersatz, Regelsteuersatz)
- Luxus-Lebensmittel
- Getränke
- Dienstleistungen
- die meisten Waren und Güter

Der Unterschied zwischen 19 % und 7 % MwSt. bei Außer-Haus-Lieferung von Speisen (Auf Getränke werden immer 19 % MwSt. erhoben!) ergibt sich aus den „besonderen Vorleistungen", die der Gastronom (z. B. Party-Service, Catering, Verpflegungsleistungen in Schulen) über die reine Lieferung der Speisen hinaus bietet, z. B. das Bereitstellen von Stühlen, Tischen und Geschirr, das Ausgeben oder Servieren der Speisen, das Reinigen der Tische, Stühle und des Geschirrs.
Dagegen zählen Verkaufstheken und Tresen, Ablagebretter an Kiosken, Verkaufsständen und Würstchenbuden nicht als besondere Vorrichtungen!

Entwicklung des Normalsatzes für die Mehrwertsteuer in Deutschland:

	Normalsatz	ermäßigter Satz
seit 1.1.1968	10 %	5 %
seit 1.7.1968	11 %	5,5 %
seit 1.1.1978	12 %	6 %
seit 1.7.1979	13 %	6,5 %
seit 1.7.1983	14 %	7 %
seit 1.1.1993	15 %	7 %
seit 1.4.1998	16 %	7 %
seit 1.1.2007	19 %	7 %

Mehrwertsteuersätze in den EU-Ländern (Stand: Juli 2013):

	Normal-steuersatz	ermäßigte Steuersätze
Belgien	21 %	12 %, 6 % und 0 %
Bulgarien	20 %	9 % und 0 %
Dänemark	25 %	0 %
Deutschland	19 %	7 % und 0 %
Estland	20 %	9 % und 0 %
Finnland	24 %	14 %, 10 % und 0 %
Frankreich	19,6 %	7 %, 5,5 % und 2,1 %
Griechenland	23 %	13 %, 6,5 % und 0 %
Großbritannien	20 %	5 % und 0 %
Irland	23 %	13,5 %, 12 %, 4,8 % und 0 %
Italien	22 %	10 %, 6 % und 4 %
Lettland	21 %	12 % und 0 %
Litauen	21 %	9 % und 5 %
Luxemburg	15 %	12 %, 6 % und 3 %
Malta	18 %	5 % und 0 %
Niederlande	21 %	6 %
Österreich	20 %	12 %, 10 % und 0 %
Polen	23 %	8 %, 5 % und 0 %
Portugal	23 %	13 % und 6 %
Rumänien	24 %	9 %
Schweden	25 %	12 %, 6 % und 0 %
Slowakei	20 %	10 %
Slowenien	22 %	9,5 %
Spanien	21 %	10 % und 4 %
Tschechien	21 %	15 %
Ungarn	27 %	18 % und 0 %
Zypern	18 %	8 %, 5 % und 0 %

3.) Berechnen Sie für folgende Rechnungsbeträge und folgende Steuersätze jeweils die Mehrwertsteuer in Euro!

Rechnungsbetrag	7 %	19 %
10,00 Euro		
12,00 Euro		
25,00 Euro		
30,00 Euro		
55,55 Euro		

4.) Erläutern Sie die Begriffe Vorsteuer und Zahllast!

Vorsteuer:	
Zahllast:	

5.) Auf der Rechnung steht „23,70 €, davon 3,78 € (19 %) Mehrwertsteuer". Erläutern Sie die Begriffe brutto, netto, inklusive und zuzüglich!

brutto	
netto	
inklusive	
zuzüglich	

Achtung! Fehler gehen immer zu Lasten des Steuerschuldners! Das heißt:

① Wenn durch Rechenfehler oder unzutreffende Steuersätze zu viel Umsatzsteuer auf der Rechnung ausgewiesen wird, dann **muss** dieser (falsche) Betrag an das Finanzamt überwiesen werden.

② Wenn einem Kunden durch Rechenfehler oder unzutreffende Steuersätze zu wenig Umsatzsteuer auf der Rechnung ausgewiesen wird, dann **muss** durch den eigenen Betrieb die Differenz zum höheren (korrekten) Betrag an das Finanzamt überwiesen werden.

6.) Der Rechnungsbetrag für einen Einkauf lautet einschließlich der 19 % USt. 321,30 Euro. Berechnen Sie den Nettowarenwert und die Umsatzsteuer!

Nettowarenwert:

Umsatzsteuer:

7.) In einem Fast Food-Restaurant kostet ein Big Mac 2,99 €. Berechnen Sie die Differenz der an das Finanzamt abzuführenden Umsatzsteuer für einen im Restaurant verzehrten und für einen Take away verkauften Big Mac!

Im-Haus-Verzehr:

Außer-Haus-Verzehr:

Differenz: –

Geht ein Mann zu McDonald´s: „Ein Mac Hühnchen, bitte!" – „Chicken?" – „Nee, zum hier essen!"

8.) Warum bezeichnen die Unternehmen die Umsatzsteuer als „durchlaufenden Posten"?

9.) Welcher Umsatzsteuersatz wird für folgende Geschäftsvorfälle in der Gastronomie verwendet?

Verkauf von Speisen zum Verzehr an Ort und Stelle	
Einkauf von Getränken	
Verkauf von Speisen Take Away (außer Haus)	
Einkauf von Grundnahrungsmitteln	

4   Das Buchen der Umsatzsteuer

4.1   Das Besteuern des Mehrwertes

Die Unternehmen müssen auf den Ausgangsrechnungen die Umsatzsteuer gesondert ausweisen.

Die Umsatzsteuer auf der Ausgangsrechnung ist eine Schuld ggb. dem Finanzamt.
Die Umsatzsteuer auf der Eingangsrechnung (auch: Vorsteuer) ist ein Guthaben ggb. dem Finanzamt.

Die Differenz zwischen Umsatzsteuer und Vorsteuer ist die Umsatzsteuer-Zahllast, die an das Finanzamt abzuführen ist.

Für den (seltenen) Fall, dass im Abrechnungszeitraum mehr Umsatzsteuer im Einkauf als Umsatzsteuer im Verkauf anfielen (z. B. vor Geschäftseröffnung), kann man beim Finanzamt Vorsteuerüberschuss geltend machen.

Besteuerung des Mehrwertes: die Wertschöpfung

	Produktion	Handel	Endverbraucher
Verkaufspreis netto	20,00 €	50,00 €	---
Einkaufspreis netto	---	20,00 €	**50,00 €**
Mehrwert	20,00 €	30,00 €	50,00 €
19 % vom Mehrwert	3,80 €	5,70 €	**9,50 €**

Der Endverbraucher bezahlt also inklusive der 19 % Mehrwertsteuer 59,50 €.

4.2   Der Vorsteuerabzug

	Produktion	Handel	Endverbraucher
Rechnungsbetrag Ausgangsrechnung	23,80 €	59,50 €	
Umsatzsteuer aus dem Verkauf (Mehrwertsteuer)	3,80 €	9,50 €	
Umsatzsteuer aus dem Einkauf (Vorsteuer)	---	3,80 €	
Zahllast	3,80 €	5,70 €	

> **Vorsteuerabzug:**
> **9,50 € – 3,80 €**

Die Unternehmen (hier: Produktion und Handel) führen die Umsatzsteuer-Zahllast (hier: 3,80 € und 5,70 €) an das Finanzamt ab.

Fazit: Die Unternehmen zahlen die Mehrwertsteuer an das Finanzamt.

Sie sind die Steuerzahler.

Die Endverbraucher tragen letztlich die Mehrwertsteuer.

Sie sind die Steuerträger.

4.3   Das Buchen der Umsatzsteuer

z. B.: Das Handelsunternehmen erhält eine Rechnung (ER 0815), die das Produktionsunternehmen legte

Zieleinkauf (ER 0815)	
Nettopreis	20,00 €
+ Umsatzsteuer	+ 3,80 €
Rechnungsbetrag	23,80 €

Buchen der Vorsteuer:

	Soll	Haben
Wareneinkauf	20,00 €	
Vorsteuer	3,80 €	
an Verbindlichkeiten		23,80 €

S	Wareneinkauf	H
Verb.	20,00 €	

S	Verbindlichkeiten	H
		WE/Vst. 23,80 €

S	Vorsteuer	H
Verb.	3,80 €	

Das Handelsunternehmen legt eine Rechnung (AR 4711) an den Endverbraucher:

Verkauf der Waren (AR 4711)	
Nettopreis	50,00 €
+ Umsatzsteuer	+ 9,50 €
Rechnungsbetrag	59,50 €

Buchen der Mehrwertsteuer:

	Soll	Haben
Ford. a. LL	59,50 €	
an Verkaufserlöse		50,00 €
an Umsatzsteuer		9,50 €

S	Ford. a. LL	H
WV/USt.	59,50 €	

S	Warenverkauf	H
		Ford. 50,00 €

S	Umsatzsteuer	H
		Ford. 9,50 €

4.4   Das Buchen der Umsatzsteuer-Zahllast

Jeweils am Ende des Umsatzsteuervoranmeldezeitraums wird der Saldo des Kontos Vorsteuer auf das Konto Umsatzsteuer übertragen, um die Zahllast zu ermitteln:

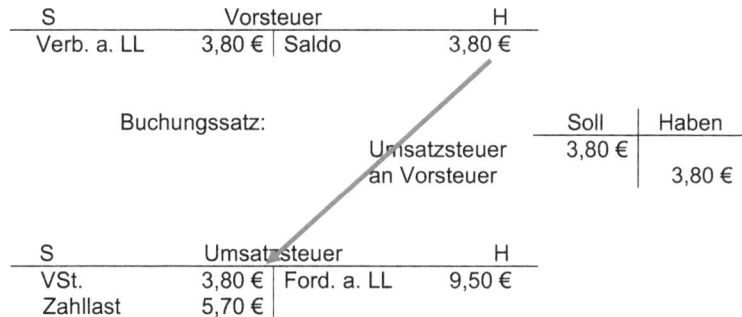

S	Vorsteuer		H
Verb. a. LL	3,80 €	Saldo	3,80 €

Buchungssatz:	Soll	Haben
Umsatzsteuer	3,80 €	
an Vorsteuer		3,80 €

S	Umsatzsteuer		H
VSt.	3,80 €	Ford. a. LL	9,50 €
Zahllast	5,70 €		

5   Die notwendigen Angaben auf einer Rechnung

Laut Umsatzsteuergesetz § 14 Absatz 4 muss jede Rechnung von umsatzsteuer-pflichtigen Unternehmen folgende Angaben enthalten:

① die vollständigen Namen und die vollständigen Anschriften des leistenden Unter-nehmens (Rechnungsersteller) und des Leistungsempfängers (Rechnungs-empfänger),

② die vom Finanzamt erteilte Steuernummer oder die ihm vom Bundesamt für Finanzen erteilte Umsatzsteuer-Identifikationsnummer (USt.-IdNr. oder UID, bei Einfuhr von Waren aus anderen EU-Ländern),

③ das Ausstellungsdatum,

④ eine fortlaufende Nummer, die einmalig vergeben wird (Rechnungsnummer),

> Tipp: Um gegenüber Kunden und Mitbewerbern nicht zu transparent zu sein, weil die bei 1 beginnende fortlaufende Nummerierung der Ausgangs-rechnungen Rückschlüsse auf (zu geringe?) Umsätze zulassen könnte, sollte die Nummerierung nicht bei 1 beginnen und nicht in Einerschritten fortlaufen.

⑤ den Umfang und die Art der Leistung,

⑥ den Zeitpunkt der Lieferung oder Leistung,

⑦ das Netto-Entgelt für die Lieferung oder Leistung,

⑧ den Steuersatz sowie den auf das Entgelt entfallenden Steuerbetrag.

Bei Rechnungsbeträgen bis 150 € begnügt sich das Finanzamt mit weniger Angaben:

① der vollständige Name und die vollständige Anschrift des leistenden Unter-nehmens (Rechnungsersteller),

③ das Ausstellungsdatum,

⑤ der Umfang und die Art der Leistung,

⑦ der Brutto-Betrag für die Lieferung oder Leistung,

⑧ der Steuersatz der im Brutto-Betrag (siehe ⑦) enthaltenen Umsatzsteuer. D. h. der im Brutto-Betrag enthaltene Umsatzsteuerbetrag muss nicht ausgewiesen werden..

> Für Unternehmen besteht sowohl für alle eingehenden Rechnungen (Eingangsrechnungen) als auch für alle gestellten Rechnungen (Ausgangs-rechnungen) eine Aufbewahrungsfrist von zehn Jahren!

7 oder 19 – Bismarck wäre es egal!

Von wegen 70 Tage Urlaub im Jahr!
An die Unterrichtsvorbereitung denkt wohl gar keiner! Mich nerven diese flachen Diskussionen über die faulenzende Lehrerschaft, die sich regelmäßig auf ein Vormittags-immer-Recht-und-nachmittags-immer-frei-haben reduzieren.
Außerdem habe ich gar keine Zeit zum Ärgern, denn seit Beginn der so genannten Sommerferien nehmen mich die Vorbereitung auf ein Mehrwertsteuerseminar voll in Anspruch. Anschaulich soll´s werden und die angehenden Gastronomen vom Hocker reißen.
Aber wie bringe ich es denen nahe, dass die Mehrwertsteuer für ein gekauftes Bismarck-Fischbrötchen zum Preis von 1,79 Euro einmal 7 Prozent (13 Cent) und einmal 19 Prozent (34 Cent) beträgt? Ich vermag ja selbst kaum nachzuvollziehen, was sich der Gesetzgeber dabei gedacht haben könnte, dem Verkäufer fast das Dreifache an Mehrwertsteuer abzuknöpfen, bloß weil er mir freundlicherweise für den Verzehr des leckeren Brötchens einen sauberen Tisch und einen Stuhl zur Verfügung stellt anstatt mir mein Brötchen mit auf den Nachhauseweg zu geben.
Da das Thema Mehrwertsteuer zentraler Unterrichtsinhalt ist, beschloss ich zunächst, mir einen (!) Rechnungsbeleg über je ein Bismarckbrötchen zum Mitnehmen und zum vor-Ort-Verzehr zu beschaffen. Gleich den nächsten Besuch in der Altmarkt-Galerie wollte ich nutzten. Meine Frau, die ich in meine Unternehmung einband, sträubte sich anfangs zwar ziemlich energisch, denn sie steht auf Lachs- und nicht auf Bismarck-Brötchen. Schließlich lenkte sie aber ein, denn sie wollte nicht zur Hauptschuldigen am weiteren Niedergang des deutschen Bildungssystems werden.
Ich bestellte also am Nordsee-Stand zweimal Bismarck, einmal zum Hier-Essen und einmal zum Mitnehmen. Und bestand auf die Rechnung.
Während sich meine Frau an den Verzehr von Reichskanzlers Liebling machte, blinzelte ich auf die Rechnung. Meine Brille hatte ich vergessen, konnte also das Kleingedruckte nur schwer entziffern. Vor allem die beiden Zeilen mit der Mehrwertsteuer fand ich nicht. Schließlich wollte mir meine Gutste helfen und vorlesen. Da greift sie doch tatsächlich mit ihren vom Fischbrötchen kontaminierten Fingern nach meiner Unterrichtsvorbereitung! Im letzten Moment konnte ich verhindern, dass mein Schulhefter künftig nach Zwiebel und Fisch stinken würde.
Ich hielt ihr also den Beleg vor die Nase und sie las mir vor. Aber die Mehrwertsteuer stand nur in einer Zeile, weil für beide Brötchen 7 % angesetzt waren.
Das rechnet sich zwar günstig für „Nordsee", stimmte mich aber nicht freudig. Das hätte nur ein Beleg mit zwei Mehrwertsteuerzeilen vermocht.
In den nächsten Wochen lud ich meine Frau noch mehrmals zum leckeren Fisch-Schmaus ins „Nordsee" ein, immer halb vor Ort und halb auf dem Nachhauseweg essen wollend – und immer mit der gleichen, wenig unterrichtstauglichen Quittung.
Da meine Frau schließlich gegen Bismarck den Streik ausrief, lockte ich meinen MacDoof-verwöhnten Sohn in den Fisch-Tempel. Was macht man nicht alles für einen anschaulichen Unterricht?!
Letztlich lohnten alle Mühen nichts. Ich sorgte zwar für eine deutliche Umsatzsteigerung bei „Nordsee", habe aber noch immer nicht den gewünschten Kassenbeleg. Inzwischen neigen sich die Sommerferien dem Ende zu. In Sachen Unterrichtsvorbereitung komme ich nicht zum erfolgreichen Abschluss.
Das einzig Gute an meinen aufwendigen Bemühungen: Ich ernährte mich in den letzten sechs Wochen dank des vielen Fischs sehr gesund.